Amo você!

Este livro segue as normas do novo
ACORDO ORTOGRÁFICO

Paula Ramos

Amo você!

12ª impressão

editora Original

Diretor Editorial Marcelo Duarte
Coordenadora Editorial Tatiana Fulas
Assistente Editorial Karina Danza
Projeto Gráfico Luciana Porto Alegre Steckel
Fotos Getty Images

Dados Internacionais de Catalogação na Publicação (CIP)
(Câmara Brasileira do Livro, SP, Brasil)

Ramos, Paula

Amo você! / Paula Ramos. – 1ª. ed. – São Paulo: Editora Original, 2004.

1. Amor 2. Namoro 3. Relações interpessoais I. Título

04-0200 CDD-302

Índice para catálogo sistemático:
1. Amor: Relações interpessoais: Aspectos sociais 302

2009

Rua Henrique Schaumann, 286, cj. 41 – 05413-010 – São Paulo-SP
Tel./Fax: (11) 2628 1323
edoriginal@pandabooks.com.br
www.pandabooks.com.br

"Tudo o que sabemos de amor
é que o amor é tudo que existe."

Emily Dickinson

Ainda me lembro da primeira vez em que vi você.

Meu coração ficou acelerado,

a boca seca, as mãos trêmulas...

Foi amor à primeira vista!

No começo, fiquei com medo.
Não sabia se você me queria também.

E se você gostasse de outra pessoa?
E se você não gostasse de mim?

Com meu coração aos pulos, até pensei em desistir.

Mas aí você me olhou de um jeito...

Que alegria quando você confessou
que sentia o mesmo por mim!

Parece truque do destino.
Afinal, formamos um belo par.

Impossível esquecer dos passeios de mãos dadas,

das horas

e horas ao telefone,

dos nossos momentos no escurinho do cinema,

da magia do primeiro beijo.

Foi tão gostoso que deu até frio na barriga...

e vontade de repetir. Sempre.
Ficar com você é tão bom!

Assistir televisão –
mas o controle remoto é meu, hein?

Brincar de mestre-cuca e inventar mil receitas.

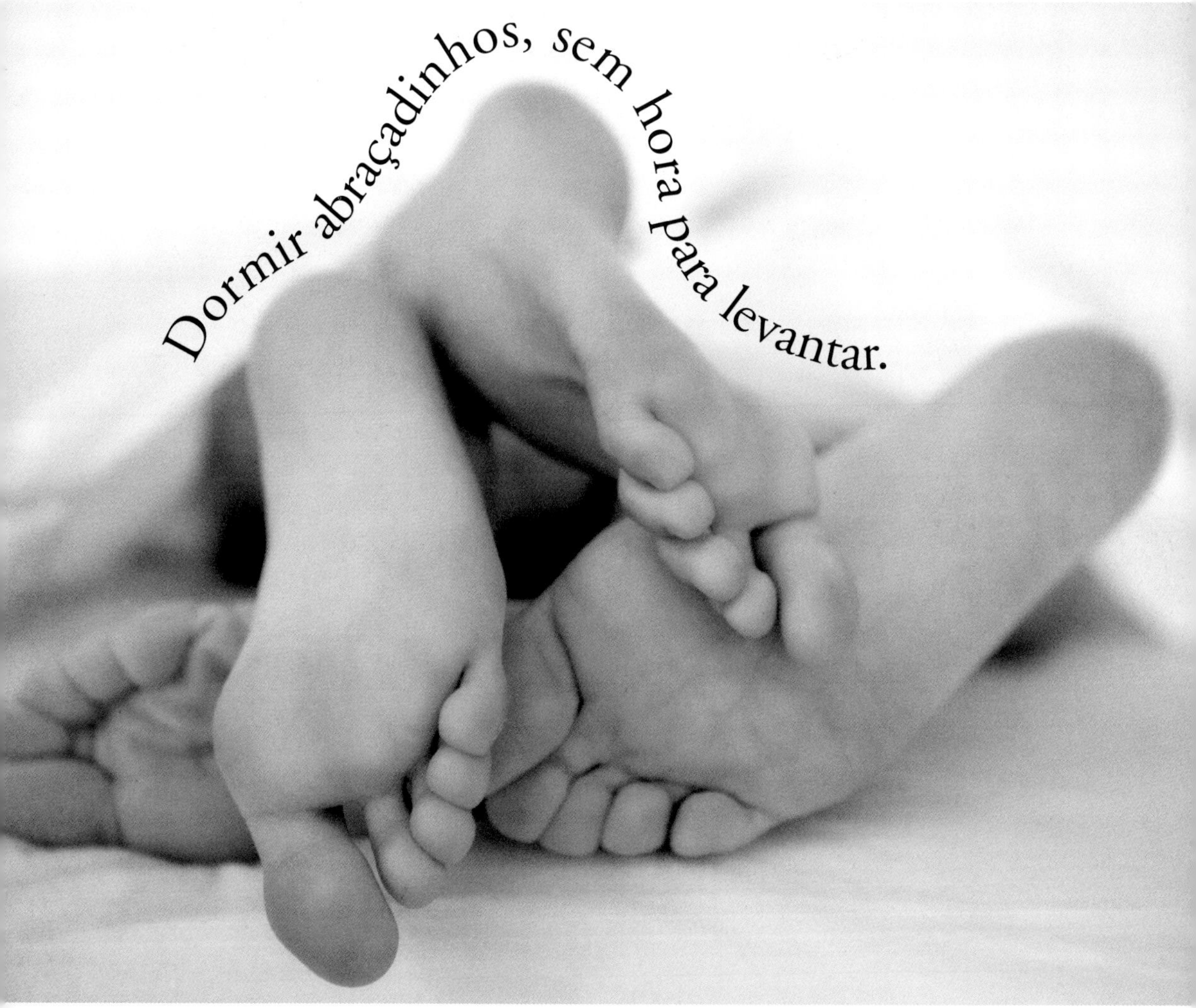
Dormir abraçadinhos, sem hora para levantar.

Por você, faço qualquer loucura.

Vamos conhecer o mundo!

Visitar todos os destinos dos nossos sonhos,

e percorrer caminhos inexplorados.

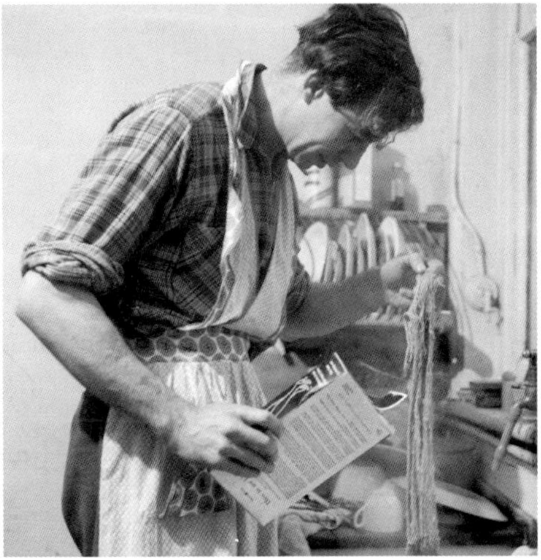

Amar é enxergar todas as qualidades que as pessoas nem desconfiam que você tem!

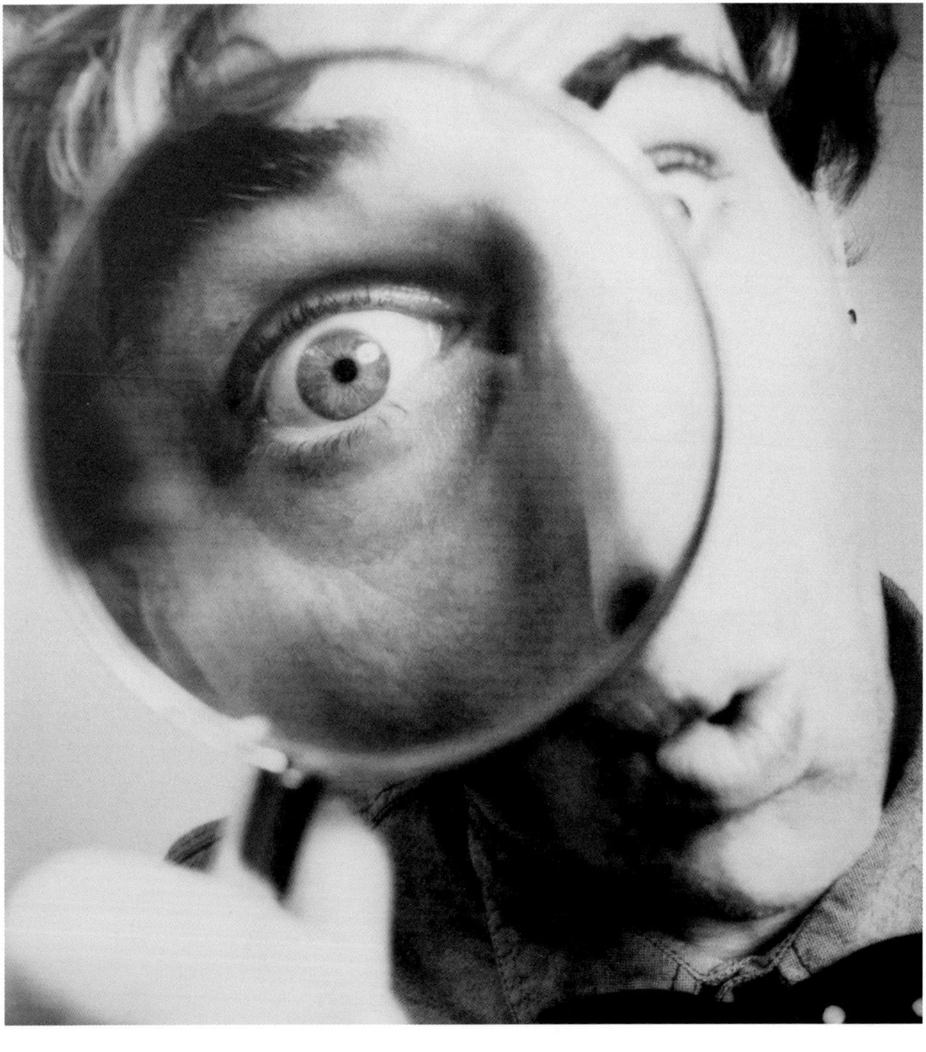

É claro que também descobrimos
alguns defeitinhos...
Mas quer saber? Tudo bem!

Quero tanto ficar com você!
Envelhecer ao seu lado...

Eu sei que não será sempre perfeito,
mas nosso amor é para a vida inteira!

E por você vale a pena tentar!

Às vezes, nem tudo é felicidade...

Mas isso acontece com todo mundo.

Quando você está longe, bate aquela saudade...

O dia fica cinza, parece
que o mundo vai desabar.

E fico contando os segundos
para ver você de novo.

É verdade que temos nossas briguinhas.

Cada um vai para o seu canto.
E que canto mais solitário!

É tão bom quando fazemos as pazes!

Quase transbordo de alegria!

Dá até vontade de sair cantando por aí...

Todos dizem que
somos o casal perfeito,

que fomos feitos um para o outro.

Quero ter você sempre ao meu lado.
E sabe por quê?

Amo você!

RR DONNELLEY

IMPRESSÃO E ACABAMENTO
Av Tucunaré 299 - Tamboré
Cep. 06460.020 - Barueri - SP - Brasil
Tel.: (55-11) 2148 3500 (55-21) 2286 8644
Fax: (55-11) 2148 3701 (55-21) 2286 8844